LA VÉRITÉ

SUR

L'ÉCHANGE DES PRISONNIERS FRANÇAIS

ET DES PRISONNIERS ARABES

PAR

CH. LOYER

Ancien curé de Laghouat, curé de Guercheville, auteur de plusieurs ouvrages sur l'Algérie.

PARIS

CHALLAMEL AINÉ, LIBRAIRE-ÉDITEUR

30, rue des Boulangers et rue Bellechasse, 27

CHEZ TOUS LES LIBRAIRES DE L'ALGÉRIE

1870

A MONSIEUR LE COMTE DE FRANCLIEU

Monsieur le Comte,

Où que vous rencontre cette humble brochure, —
dans laquelle votre nom se trouve cité d'une manière
si honorable, — je veux qu'elle vous porte mon
hommage respectueux, pour l'affection constante
dont vous avez entouré le vénérable monseigneur
Dagret pendant sa vie, et le souvenir pieux que vous
lui avez conservé après sa mort.

CH. LOYER,

Curé de Guercheville, ancien curé
de Laghouat.

6 Mars 1870.

J'avais d'abord le projet de faire paraître ce petit travail dans la *Semaine religieuse du diocèse de Meaux,* qui a accueilli un article plein d'erreurs sur le même sujet, mais j'ai compris que les exigences de cette modeste feuille locale ne comportaient pas une rectification aussi étendue. Je me suis donc décidé à publier, à part, un curieux document inédit que je possède sur l'échange des prisonniers français et des prisonniers arabes, par monseigneur Dupuch, premier évêque d'Alger, en y ajoutant ce que j'en ai appris moi-même de la bouche d'un témoin oculaire.

Afin qu'on puisse comparer, j'ai dû faire suivre cette publication de l'article donné par la feuille religieuse de Meaux.

J'aurais pu me dispenser de répondre aussi longuement à un article sans importance et surtout sans prétention de la part de son auteur, je le pense, à une précision rigoureusement historique, et c'est, en effet, une réflexion qu'on m'a faite. Je demande de ne point partager cette opinion. A mon humble avis, on ne saurait admettre qu'un écrivain, même *dans une simple nouvelle,* où il s'agit d'un événement contemporain, tronque et dénature la vérité, non-seulement sous le rapport des faits, mais encore des lieux et des personnes; on ne saurait non plus tolérer, sans commettre une injustice, qu'il prête à un seul individu l'honneur qui appartient en propre à plusieurs. C'est là le sentiment qui m'a poussé à entreprendre le petit travail que je livre au public, sans autre ambition que de lui dire, sur l'échange des prisonniers, *la vérité, toute la vérité, rien que la vérité.*

LA VÉRITÉ

SUR

L'ÉCHANGE DES PRISONNIERS FRANÇAIS

ET DES PRISONNIERS ARABES

I

La *Semaine religieuse* du diocèse de Meaux, dans ses numéros des 19 et 26 mars de cette année, a publié un article intitulé : *Un souvenir d'Afrique*, contre lequel je crois devoir protester. Ou l'auteur de cet article, que je n'ai pas l'honneur de connaître, ignore ce qui s'est passé lors de l'échange des prisonniers français et des prisonniers arabes, par monseigneur Dupuch, et alors, pourquoi entreprend-il d'en écrire l'histoire ? Ou il est exactement renseigné, et alors encore, pourquoi le raconte-t-il d'une façon aussi incomplète ?

Cet échange de prisonniers, entrepris et mené à

bien, par le premier évêque d'Alger, est trop glorieux pour la nouvelle Afrique chrétienne, pour qu'on se permette ainsi de le dénaturer. A part le fond, qui est vrai, tout le reste est de pure invention et n'a jamais existé que dans l'imagination de l'auteur. Or ici, la vérité était assez belle pour se passer de ces ornements.

En outre, je vois dans cet article, un parti pris, dont je ne m'explique pas bien la raison, de mettre surtout en évidence la personne de M. l'abbé Suchet. A quoi bon ? Les œuvres sont là, et c'est d'elles seules que doit monter, s'il y a lieu, vers celui qui les a accomplies, l'encens de la louange. Si ce vénérable ecclésiastique lit jamais ce *Souvenir d'Afrique*, et il serait vraiment dommage qu'il ne le connût pas, il en sera certainement blessé. Je lui sais, en effet, trop de véritable modestie pour qu'il ne soit pas humilié par ces flatteries maladroites, et de se voir à peu près seul, placé sur un piédestal, lorsque d'autres ont montré le même dévouement et couru les mêmes dangers. Pourquoi donc l'auteur de l'article, contre lequel je m'élève, a-t-il laissé leurs noms dans un ingrat oubli ? Comme l'étendard de notre immortelle Jeanne d'Arc, puisqu'ils ont été à la peine, pourquoi ne seraient-ils pas aussi à l'honneur ?

Je passe rapidement sur ce fait de *cinquante-six soldats français, remis sans rançon,* par Abd-el-Kader, aux mains de M. l'abbé Suchet, et dont jusqu'à ce jour je n'avais jamais entendu parler. Cette générosité de l'émir, en temps de guerre et sans compensation, me semble aussi phénoménale que *les souliers d'écorce et les pieds meurtris* par la marche, de l'envoyé de l'évêque. Car personne, en Algérie, pas plus les indigènes que les autres, n'a encore imaginé ce genre de chaussures, et tout le monde sait que les prêtres expédiés en mission, au loin dans l'intérieur, ne s'y rendaient point à pied. Mais enfin, j'accepte ces cinquante-six prisonniers, rendus à la liberté sur une simple lettre de monseigneur Dupuch, même l'épisode du général Baraguey d'Hilliers, sous Médéah, n'ayant point à ma disposition de moyen de contrôle.

Cependant, je le demande, le doute n'est-il pas permis, lorsqu'on sait que les négociations, avec le même Abd-el-Kader, pour l'échange des prisonniers français, et cette fois, *en retour des prisonniers arabes*, ont duré *sept mois* avant d'aboutir? Puis, il y a ici deux dates qu'il est impossible de concilier. Si l'on en croit l'auteur de l'article, M. l'abbé Suchet obtenait, à titre purement gracieux, *au printemps de 1841*, la liberté de cinquante-six prisonniers français, et le 19 mai *de la même année*, c'est-à-dire, au printemps encore, avait lieu l'échange, à la réussite duquel monseigneur Dupuch avait employé sept longs mois, ainsi que je le prouverai!

Comprenne qui pourra (1). Au reste, je l'ai déjà dit, ce récit fourmille d'inexactitudes, inexactitudes dont je vais relever les principales.

J'avoue que je ne me livre à cette tâche qu'avec une sorte de répugnance. Il est toujours pénible de venir dire à quelqu'un, dont on suppose l'entière bonne foi, qu'il s'est trompé, mais je croirais manquer à la mémoire de mon vénéré bienfaiteur et père, monseigneur Dagret, premier vicaire général d'Alger, si je ne le faisais pas. Au même titre que M. l'abbé Suchet, il a été mêlé à ce grand fait de l'histoire religieuse de la moderne Afrique, je dois à l'honneur de son nom et au cher souvenir que lui garde mon cœur, de rétablir sur ce point *toute la vérité*. Au reste, c'est de lui que je la tiens.

Ainsi, *ce n'est pas avec Si-Mohammed-ben-Allal*, mais avec Abd-el-Kader lui-même, dont Ben-Allal n'était que le khalifa (lieutenant), que les pourparlers pour l'échange des prisonniers ont eu lieu. Et pour être parfaitement exact, je dois déclarer que, dans le prin-

(1) Après réflexion, j'ai comme un vague souvenir que M. l'abbé Suchet fut en effet envoyé, par monseigneur Dupuch, vers l'émir Abd-el-Kader, mais seulement dans le but de presser la conclusion du traité d'échange. Ce voyage a parfaitement pu se faire au mois de mars et l'échange avoir lieu au mois de mai suivant. Cependant, je ne garantis rien, mais cette supposition me paraît assez naturelle.

cipe, monseigneur Dupuch comptait si peu sur le succès, pour un échange *complet* de prisonniers, que la
demande qu'il adressa à l'émir ne concernait que l'un
d'entre eux, M. le sous-intendant militaire Masseau, à
la famille duquel monseigneur Dupuch portait le plus
vif intérêt. Ce fut Abd-el-Kader qui, dans sa réponse,
fit comprendre à monseigneur Dupuch qu'il était dis-
posé à traiter, non-seulement en faveur de M. Masseau,
mais encore pour l'échange de tous les prisonniers
français qu'il avait entre les mains. C'est ainsi que les
négociations furent commencées et se continuèrent,
sans autre intervention de l'autorité militaire que
celle de mettre à la disposition de l'évêque, au moment
voulu, les prisonniers arabes.

Ces détails, je les tiens de la bouche de monseigneur
Dagret.

Il n'est pas plus exact de dire que l'échange était
convenu à nombre égal, *cent trente-huit* contre *cent-
trente-huit*, puisque monseigneur Dupuch n'emmena
avec lui que *cent vingt-six* personnes, dont *trente-trois
hommes* seulement. La vérité est, qu'on devait rendre
tout ce qu'on avait de prisonniers de part et d'autre.

La scène des cavaliers hadjoutes venant crier à
l'évêque qu'il trahissait Ben-Allal, *n'est pas vraie.*

Monseigneur Dupuch *n'eût rien gagné* en écrivant
au général français, *et il ne le fit pas.*

Ce ne fut pas Ahmed-Khoracin (1) qui porta au kha-
,lifa la lettre de l'évêque, au moment où celui-ci appre-
nait avec une stupéfaction indignée, que *le lieu-
même* où devait s'effectuer l'échange, était militaire-
ment occupé par le général Baraguey d'Hilliers (il y a
là un mystère qu'il serait peut-être douloureux d'ap-
profondir), mais un cavalier hadjoute. Par cette lettre,
monseigneur Dupuch s'efforçait de convaincre Ben-
Allal qu'il n'était pour rien dans cet étrange mouvement de troupes, il le priait de fixer lui-même un
autre lieu pour l'échange et que lui, évêque, s'y trans-
porterait. — Il n'était pas facile de faire accepter une
pareille justification au soupçonneux khalifa, car les
Arabes, encore ignorants de nos usages et de nos
mœurs, s'imaginaient que le chef de la religion (le
grand Marabout), était en même temps chef politique,
et avait autorité sur tout le monde. — Quoi qu'il en
soit, le cavalier hadjoute, parti le 18 au matin, était
de retour à midi, apportant une lettre pleine de colère
de Ben-Allal.

Ce fut seulement alors que monseigneur Dupuch, afin
de gagner du temps, expédia M. l'abbé Suchet vers le
khalifa. Contrairement à ce que dit l'auteur de l'article, *il n'avait point avec lui un autre prêtre*, mais bien
trois laïques honorables : M. le comte de Franclieu, qui

(1) Je me méfie de l'orthographe de ce nom arabe.

vit encore, M. Berbrugger, alors membre de la Commission Scientifique, mort dernièrement conservateur de la bibliothèque impériale d'Alger, et M. Toustain Dumanoir, interprète pour la langue arabe, près le directeur de l'Intérieur. Ce fut alors aussi, *mais seulement alors*, que dans le but de calmer l'irritation de Ben-Allal, l'évêque adjoignit aux personnes que je viens de nommer, un prisonnier arabe, Ahmed Khoracin, jeune officier des réguliers, et non pas *chef des gardes* de l'émir.

Le khalifa ne se montra pas aussi chevaleresque qu'on cherche à nous le persuader. Il est très-vrai qu'il laissa repartir les envoyés de monseigneur Dupuch; il est vrai encore, qu'en retour d'Ahmed Khoracin, qu'il avait reçu, il rendit la liberté à M. Masseau, mais ce qu'on ne nous dit pas et qu'il importe d'ajouter, c'est que le lendemain, 19 mai, jour de l'échange, les mêmes députés étant retournés vers Ben-Allal, *il les retint dans son camp comme otages.*

A partir d'ici, et en suivant l'auteur de l'article, nous entrons dans le domaine de la plus haute fantaisie.

Ainsi, le khalifa n'avait avec lui ni *étendard*, ni *musique*, ni *douze* à *quinze cents* cavaliers, mais une simple escorte de *douze* à *quinze* hommes. Il est vrai que sa troupe n'était pas loin, mais enfin elle ne se montrait pas.

Nos prisonniers français *en croupe derrière les arabes,*

mais c'eût été une profanation ! Comment, les indigènes qui se croiraient déshonorés s'ils y plaçaient même leur femme (1), y auraient établi *des chiens de chrétiens !...* Non, non, nos malheureux prisonniers étaient à pied, et le bâton se chargeait de faire retrouver des jambes aux plus fatigués !

L'évêque *en habits pontificaux !* Il était en simple soutane.

La population de Bouffarick *ne pouvait pas être présente*, par la raison que l'échange a eu lieu *à une heure de chemin* de ce village, et alors à quoi bon

(1) A ce propos, voici un fait dont j'ai été témoin. Un arabe cheminait assis sur son bourricot, balançant nonchalamment, deci delà, ses longues et maigres jambes, tandis que sa femme suivait à pied, *selon l'usage*, et pesamment chargée. Il traversait un gros village, de création récente, et pour son malheur il passa devant un lavoir public, ce jour-là complétement occupé. A la vue de ce grand dadais qui se prélassait si fort à son aise, et de sa pauvre compagne courbée sous son lourd fardeau, mes paroissiennes, parisiennes pour la plupart et qui avaient vu le feu en 1848, indignées, s'élancèrent comme..... une seule femme. Faire dégringoler de sa monture l'arabe ahuri d'une attaque si soudaine, asseoir la femme stupéfaite sur le bourricot, après avoir imposé au mari la charge que tout-à-l'heure elle portait sur ses épaules, tout cela fut fait avec accompagnement de gifles, en moins de temps que je ne mets à le raconter. Mes paroissiennes avaient cédé à un entraînement généreux, — mais aveugle, car hors de la vue et surtout de la portée des terribles laveuses, l'Arabe reconquit ses droits, un instant méconnus, et la pauvre femme dût payer cher l'intervention des chrétiennes, ces filles de satan, qui n'avaient respecté ni la dignité du chef de la tente, ni la majesté de la barbe.

sonner la cloche ? — D'abord, y avait-il bien une cloche ?
je ne voudrais pas l'affirmer.

Enfin je touche au dernier de mes reproches, mais,
celui-ci est de tous le plus grave. En vérité, l'auteur
de cet article, *où rien ne peut rester debout* que certains
noms propres et des dates, me renverse et me confond,
quand je l'entends faire demander par le gouverneur
à l'évêque d'Alger : — comment le roi *pourrait récompenser son dévouement !*... Ah ! pauvre monseigneur
Dupuch, noble et grande âme, si éprouvée et si
méconnue, la mort a obligé les hommes à vous rendre
enfin justice, — pourquoi avez-vous eu la sainte et
patriotique ambition de couronner votre front de cette
gloire ?

Si l'on veut bien me lire jusqu'à la fin, on verra de
quelle manière le dévouement de l'évêque a été *récom-
pensé* au jour même de son triomphe, et l'on pourra
se convaincre aussi que le khalifa d'Abd-el-Kader s'est
montré, en cette circonstance, plus généreux que ses
adversaires.

Jusqu'à présent, pour combattre les dires de l'auteur d'*Un souvenir d'Afrique*, je n'ai apporté que mes
propres observations. Ce procédé, si je continuais à en
user, ne manquerait pas de paraître à quelques-uns
léger, à d'autres téméraire, à tout le monde, peu pro-
bant, car si, moi, je nie, lui, il affirme. Qui donc
décidera entre nous, prêtera à mes paroles l'autorité

dont elles ont besoin, et fera briller aux yeux les plus prévenus la vérité dans tout son éclat?

Il est temps que je l'avoue, et je le fais en toute humilité : en tout ceci, je ne suis savant que de la science d'autrui..... Oui, je puis produire une preuve ! Oui, j'ai un témoignage ! témoignage contre lequel personne, en Algérie pas plus qu'en France, n'osera s'élever, car il serait à l'instant même écrasé par la renommée d'honneur, de sainteté et de vertu de l'homme vénérable qui me l'a laissé.

Je m'explique. Au reste, je l'ai déjà déclaré : la vérité sur l'échange des prisonniers, je la tiens de monseigneur Dagret, premier vicaire général, archidiacre du diocèse d'Alger, sous messeigneurs Dupuch et Pavy, et collègue de M. l'abbé Suchet. En mourant, ce digne ecclésiastique, qui avait pour moi la plus tendre affection, m'a fait-l'insigne honneur de me choisir pour l'un de ses héritiers. C'est en cette qualité que je me trouve possesseur d'une grande partie de ses papiers, papiers que je conserve avec un soin pieux, comme tout ce que je dois à sa paternelle sollicitude.

Or, monseigneur Dagret, lors de l'échange, *accompagnait monseigneur Dupuch*, par conséquent il a été à même *de tout savoir et de tout voir*, et lui-même, en effet, bien des fois me l'a raconté. Si je n'avais que ces seuls souvenirs de conversation intime pour détruire

les assertions de l'auteur de l'article, je n'aurais point
élevé la voix, je les aurais laissé passer, me contentant
de protester tout bas, — mais j'ai sous les yeux une
pièce *écrite tout entière de la main de monseigneur
Dagret*, et le silence ne m'est plus permis.

Ce précieux document, je n'ose l'appeler : *Histoire de
l'échange*, ce titre serait trop présomptueux, car c'est
plutôt un simple croquis, tracé à la hâte, un aide-
mémoire, en un mot, des faits, la vérité toute nue,
sans phrases, non pas un récit, mais bien la charpente,
le squelette d'une narration.

Je remercie Dieu d'avoir inspiré à monseigneur
Dagret de l'écrire, car il va me servir pour exposer les
choses telles qu'elles se sont réellement passées, ce qui
encore n'a jamais eu lieu, que je sache, et en même
temps à lui rendre la part qui lui revient dans cette
œuvre généreuse et grande.

C'est à lui que je laisse maintenant la parole :

II

« L'échange des prisonniers français contre les prisonniers arabes, pour lequel des négociations étaient
entretenues et habilement conduites depuis sept mois,
par monseigneur d'Alger, vient enfin d'avoir lieu avec
un succès qui dépasse toute espérance.

» Tous les prisonniers arabes ayant.été mis, par M. le
gouverneur, à la disposition de monseigneur l'évêque,
il annonce à Abd-el-Kader qu'il est prêt, qu'il n'y a
plus qu'à s'entendre sur le lieu où devait se faire cette
œuvre si intéressante pour l'humanité.

» Le califa de Milianah, lieutenant d'Abd-el-Kader,
d épute vers notre évêque deux estafettes qui lui appor-
tent la nouvelle qu'il réunira tous les prisonniers fran-

çais à l'aouch Mouzaïa, le mardi 18 mai, à midi, que là se fera l'échange s'il accepte.

» Monseigneur accepte, et les préparatifs du départ se font : c'était le 12.

» Le 14, le corps d'armée qui devait opérer sur Mouzaïa, etc., se met en marche. Il était déjà à Douéra, lorsque le califa, qui demeure désormais chargé de l'échange, par Abd-el-Kader, écrit à monseigneur qu'il peut compter qu'à l'heure et au lieu fixés il sera au rendez-vous.

» Le 16, on nous avait amené des femmes prisonnières que monseigneur fit soigner et habiller par les sœurs d'Alger.

» Le 17, à sept heures du matin, monseigneur part dans sa voiture avec MM. (1) et les deux envoyés du califa, suivi de ses prisonniers, au nombre de quatre-vingt-treize femmes ou petits enfants et trente-trois hommes, parmi lesquels un officier des réguliers ennemis.

» Cet étrange cortége de douze voitures arriva à Bouffarick à six heures du soir. Nous avions donné des ordres pour que des escortes et des vivres fussent disposés dans les divers postes par où passerait le convoi.

(1) Les noms laissés en blanc vont se retrouver tout-à-l'heure.

A Bouffarick les prisonniers sont gardés et nourris dans le camp.

» Mais ici un contre-temps, qui devait tout renverser, est annoncé à monseigneur : l'armée française venait de recevoir du général Baraguey d'Hilliers l'ordre d'occuper Mouzaïa, lieu même où devait s'effectuer l'échange (1).

» Tout semble perdu, car les arabes devaient naturellement penser que l'évêque avait voulu leur tendre une embuscade. Peut-être, dans leur fureur, avaient-ils massacré nos prisonniers ?...

» Monseigneur députe aussitôt un des envoyés hadjoutes vers le califa, lui écrivant que le mouvement de l'armée française lui est tout à fait étranger, qu'il pouvait changer le lieu de l'échange, qu'il était le maître, etc.

» Cet envoyé, parti au point du jour, était de retour à midi, apportant une lettre pleine d'irritation du califa, sur ce qu'ayant amené les prisonniers au lieu convenu, au lieu de trouver les siens, il n'a trouvé qu'une forte armée française, qu'il avait été forcé de faire rétrograder bien loin les prisonniers, etc.

» Monseigneur et sa suite comprennent, eu égard à

(1) Comment expliquer cet ordre plus qu'étrange, lorsque les chefs militaires *connaissaient le lieu, le jour et l'heure de l'échange ?* Je le répète : il y a là un mystère qu'il ne faut pas chercher à pénétrer.

la gravité de la situation, que ce serait fort long de renouer les communications par lettres, qu'il vaut mieux envoyer des émissaires.

» Chacun avait été jusque là par dévouement, chacun ambitionnait l'honneur d'être envoyé au camp des hadjoutes pour renouer les négociations. Quatre sont choisis. Ce furent M. Suchet, vicaire général, M. de Franclieu, honorable colon, M. Berbrugger, membre de la Commission Scientifique, et M. Toustain, interprète arabe près le directeur de l'Intérieur.

» Ces Messieurs partent à quatre heures, bride abattue, guidés par un hadjoute auquel monseigneur avait cru devoir adjoindre, vu la circonstance, le prisonnier, jeune officier des réguliers, auquel il avait fait quelques cadeaux.

» Après avoir couru sept lieues, ils trouvent le calila très-irrité de la conduite des français. Cependant il avait foi à la parole de l'évêque qui lui avait dit n'être pour rien dans la marche de l'armée, et la vue de son jeune officier, le fit consentir à renouer les négociations.

» Il demanda donc que l'évêque vînt en personne à trois lieues de Bouffarick, sans aucune espèce de démonstration militaire, et que lui califa s'avancerait en personne en laissant ses gens à distance.

» Les envoyés de l'évêque ne purent accepter ces propositions qui étaient trop à l'avantage des arabes ;

la crainte de quelque embuscade de notre part les avait évidemment dictées au califa.

» On convint que monseigneur se rendrait en voiture jusqu'à un peu plus de portée de canon de Bouffarick, que là se ferait l'échange le lendemain matin.

» Les envoyés repartent et le califa, pour ne pas être en arrière de générosité, renvoya avec eux notre sous-intendant Masseau (1), qu'il tenait prisonnier depuis sept mois. A dix heures du même soir il était entre les bras de l'évêque, son libérateur.....

» La réponse du califa est acceptée. Il faut aller de grand matin lui dire qu'il peut venir, que dès qu'il paraîtra l'évêque se rendra avec les prisonniers, sans escorte.

» Les mêmes quatre envoyés repartent, et sont retenus au camp comme otages.

» A huit heures du matin on aperçoit un groupe d'arabes qui s'avancent assez lentement. Sur le côté, un hadjoute avec un des envoyés de l'évêque (M. Toustain), couraient bride abattue vers Bouffarick. Ils viennent annoncer l'approche du califa.

» Monseigneur ordonne de faire monter en voiture toutes les prisonnières arabes et les hommes malades

---

(1) Monseigneur Dagret écrit *Masseau*, l'auteur de l'article, *Massol* et tantôt *Massot*. Je ne sais quelle orthographe est la meilleure. Je m'en tiens à celle adoptée par monseigneur Dagret.

et qu'on le suive. Il monta lui=même dans sa voiture avec son vicaire général, M. Dagret, et ils s'avancent ainsi.

» Toutes les représentations de nos officiers de Bouffarick ne l'effraient pas ; on l'avait fait engager sa parole, il avait traité au nom de la religion qu'il représentait et de la loyauté française : il fallait marcher.

» Arrivé à l'extrémité des retranchements de Bouffarick, il fait arrêter les voitures des prisonniers, commande qu'on attende l'ordre d'avancer, et il continue.

» A une heure de chemin il voit s'avancer les hadjoutes, entourant au nombre de douze ou quinze, le califa. Celui-ci arrivé près de la voiture, met pied à terre et ordonne à ses gens d'en faire autant. Monseigneur descend de sa voiture, avec M. l'abbé Dagret et M. Toustain, interprète.

» Après avoir échangé les compliments à l'orientale, monseigneur offre au califa de monter dans sa voiture pour parler plus à l'aise. Cette offre est acceptée avec plaisir. Il s'assied tout armé (deux pistolets, un yatagan et un poignard). M. Dagret se place vis-à-vis du califa, et M. Toustain, vis-à-vis de monseigneur.

» Ainsi commença une conférence qui dura deux heures et demie, et qui consistait à répéter que la guerre qu'on leur fait est injuste, que les Français ont les premiers violé les traités ; que du reste, cette guerre ne profite à personne, qu'elle fatigue les Arabes, épuise les Français, qui jamais ne pourraient avoir assez de monde pour garder la plaine (l'instant même en donnait la preuve : on entendait tirer le canon du côté de Mouzaïa, et il était cependant venu, lui, avec une armée de 1500 cavaliers, à une heure de Bouffarick) ; qu'il savait que le serviteur de Jésus-Christ, Antoine (1), était ami de la paix, qu'il devait s'intéresser à la paix ; que pour eux, la paix était bonne, mais sur la terre seulement, que pour le ciel la guerre leur était meilleure.

» Monseigneur lui a répondu que sa religion demandait surtout la paix, que la paix était meilleure et pour cette vie et pour l'autre ; qu'il ne manquerait pas de parler de leurs dispositions au grand sultan des Français, que d'ailleurs, les égards dont il avait usé envers nos prisonniers, feraient connaître au roi et à la France, la bonne volonté de son cœur.

» Cependant le groupe de hadjoutes grossissait et le califa entremêlait sa conversation de certains ordres qui faisaient voir qu'il s'entourait de plus en plus de précautions : c'était des chefs qui se massaient autour de la voiture, c'était des batteurs qui exploraient la plaine pour s'assurer qu'il n'y avait pas d'embuscade.

» Enfin, lorsqu'il se fut bien rassuré sur la bonne

(1) Monseigneur Dupuch s'appelait Antoine-Adolphe.

foi avec laquelle l'évêque et ses deux compagnons
étaient venus à lui, il permit à nos prisonniers français de s'avancer vers leur libérateur.

» On les vit marcher péniblement, exténués des
fatigues que leur avait occasionné la présence si inattendue de l'armée française, sur le lieu où ils devaient
la veille recouvrer la liberté, le cœur brisé de reconnaissance, saisissant en passant une main bénie et y
appliquant leurs lèvres desséchées. L'évêque et son
grand vicaire se détournèrent pour cacher leur émotion qui fut partagée par le califa.

» On recommença à parler encore, toujours sur le
même sujet.

» Enfin, il était temps de consommer l'échange,
s'il pouvait se faire au bruit du canon de l'armée
française.

Le califa demanda, comme une chose toute naturelle, que l'on fît avancer les prisonniers arabes, les
nôtres étant toujours entourés de cavaliers.

» Ce fut un moment terrible, car d'après cette demande qu'on ne pouvait refuser, sans montrer une
défiance qui eût tout compromis, il allait avoir entre
les mains ses prisonniers, les nôtres, l'évêque, deux
vicaires généraux, les otages qu'il avait encore retenus.

» Le plus sûr était de montrer de la confiance, et
on en montra.

» L'évêque ordonna de faire avancer les prisonniers.

Les Arabes, pour laisser aux leurs le passage libre, firent mettre les nôtres un peu vers la droite, toujours gardés par leurs cavaliers.

« Toutes les voitures arrivent et se lancent au milieu des Arabes, qui aussitôt les entourent.

» Peu à peu nos Français sont dégagés et abandonnés par leurs gardiens.

» Enfin, tous les prisonniers arabes étant descendus, les nôtres prennent place dans les voitures qui repartent pour Bouffarick.

» Monseigneur fait ses remerciements au califa, à qui il avait remis de beaux présents, et le salut étant donné et rendu de part et d'autre, le califa monta son superbe cheval qu'il fit un instant caracoler devant la voiture de monseigneur qui lui fit adieu de la main, et on se sépara.

» On devine les démonstrations de joie et de triomphe qui accompagnèrent cette délivrance, et les bénédictions dont fut comblé l'évêque d'Alger, bénédictions qui descendent à toute heure sur lui et sur son clergé, qui a montré qu'il comprenait si bien la mission qu'il a acceptée en venant en Afrique.... On peut donc avoir du courage ailleurs qu'en face de la mitraille ! On peut donc avoir de la bonne foi, même lorsqu'on est Arabe et hadjoute !

» Il faut ajouter que le califa, à son retour dans son camp, ayant appris que les siens avaient fait quatre prisonniers nouveaux, la veille même de l'échange au soir, ordonna aussitôt qu'on les fît partir pour Bouffarick, afin que monseigneur pût les emmener avec les autres.

» Nous avons encore quelques prisonniers à Tlemcen ; comme ils étaient en route pour venir à l'échange, les opérations de l'armée française, du côté d'Oran, les ont forcés à rentrer, mais ils seront rendus dès que le passage sera libre : c'est ainsi convenu.

» On avait aussi retenu, à l'insu de monseigneur, 6 ou 8 pasteurs arabes, réclamés par le califa. Monseigneur pouvait et devait promettre leur libération : croirait-on que monseigneur *ne put pas les obtenir ?..* »

Qu'on rapproche ce fait inoui dans les annales du respect de la parole solennellement donnée, de cet autre fait, *l'occupation de Mouzaïa par l'armée, le jour où devait s'effectuer l'échange,* et l'on pourra peut-être soupçonner le fond du mystère dont j'ai parlé et dont je ne veux pas autrement soulever le voile. Evidemment, le khalifa d'Abd-el-Kader a eu le beau rôle en cette affaire.

III

Si le retour, comme le dit monseigneur Dagret, fut
un véritable triomphe, pourquoi faut-il ajouter que
ceux qui auraient dû le plus applaudir à son succès,
ne surent placer sur le front du vainqueur qu'une cou-
ronne d'épines?... Il fallait bien lui faire expier cette
gloire que d'autres n'avaient pas pu conquérir !

La route de Bouffarick à Alger fut, ce jour-là, arro-
sée de bien des larmes ! larmes de bonheur et de joie,
de douleur et de désespoir aussi.

Ce long convoi de douze voitures s'avançait lentement, et à chaque instant des hommes, des femmes
se précipitaient aux portières et réclamaient avec
anxiété, l'un son épouse, l'autre son mari, celle-là son

enfant, enlevés par les Arabes... Et si une voix aimée répondait à ce suprême appel, quels cris ! quelle ivresse ! quels embrassements ! — Mais si, par malheur, le nom jeté parmi les captifs devenus libres ne trouvait point d'écho ; si les voitures, ardemment fouillées des yeux, étaient vides de la chère âme si impatiemment attendue, quelle amère déception ! quels déchirements ! quel brisement de cœur ! Monseigneur Dagret m'a dit plusieurs fois, et toujours avec une émotion profonde, qu'il n'oublierait jamais l'horrible et navrant spectacle que lui offrit une pauvre femme, une mère qui demandait son enfant. C'était, autant que je me le rappelle, du côté de Dely-Ibrahim, petit village situé à deux lieues d'Alger. Elle était là, folle, éperdue, haletante, arrêtant successivement toutes les voitures, criant de toutes ses forces, appelant son Benjamin ! Et de toutes les voitures la même réponse inexorable s'échappait : « Il n'est pas ici ! » Enfin, elle arrive à la dernière, sa dernière espérance !... et lorsque de celle-ci, comme des autres, elle entendit sortir les mots fatals, — brisée par le plus affreux désespoir, elle tomba inanimée sur la route. Hélas ! la mort avait fait bien des victimes parmi nos prisonniers chez les Arabes !

Les voitures avançaient toujours. L'évêque avait défendu à ceux qu'il venait de rendre à la liberté d'en descendre. Tous avec lui, ils devaient se rendre à

Alger. Il était juste que Dieu, qui avait si merveilleu-
sement protégé le dévouement de son courageux pontife, eût sa part dans la reconnaissance. La cathédrale
allait donc réunir tout le monde pour chanter un *Te
Deum* solennel d'actions de grâces.

Arrivé à une petite distance de la ville, monseigneur
Dupuch prit les devants... Il venait d'accomplir avec
bonheur une mission difficile et toute de miséricorde ;
il avait arraché des Français au joug de l'ennemi, fait
bénir son nom par les Arabes, ses enfants de l'avenir ;
son cœur, si charitable et si tendre, était bien joyeux !

La population d'Alger, en fête, l'attendait ; les rues
étaient encombrées, c'était un événement ! Tous ils
étaient fiers de leur évêque, qui avait osé affronter ces
terribles Hadjoutes, l'effroi de la plaine ; traiter de
puissance à puissance avec cet Abd-el-Kader, dont le
prestige était immense, et qui avait tendu au chef
de la prière chrétienne une main qu'il n'allongeait
vers nos hommes d'épée que pour les combattre ! Ils
se pressaient en foule autour de sa voiture, l'accla-
maient avec enthousiasme, l'appelant des noms les
plus doux et lui demandant où étaient les prisonniers :
« Les voici qui viennent, répondait le brave évêque,
radieux ; ils me suivent ; ils vont arriver ! »

Il se rendit à la cathédrale, parée pour la circonstance, se revêtit de ses ornements pontificaux, et, entouré de son clergé, joyeux comme lui, il attendit,

prosterné au pied de l'autel, ses chers délivrés....
Hélas ! il les attendit longtemps ! il les attendit en
'vain : ils ne vinrent pas, ils ne vinrent jamais ! ! !

Par ordre supérieur (toujours le mystère !), ils
avaient été retenus au fort de l'Empereur... Sans
doute il eut été dangereux de les laisser entrer dans
Alger et d'ajouter, par leur présence, un lustre de plus
au triomphe de monseigneur Dupuch. N'était-ce pas
assez, peut-être trop, qu'il eût réussi ?

Cette journée, commencée sous d'aussi heureux
auspices, finit bien douloureusement pour l'excellent
évêque. Ce glorieux *Te Deum*, qu'il avait préparé avec
tant d'amour, il le chanta la mort dans l'âme. Sous
cette belle fleur de l'espérance qui s'épanouissait, si
vivace, au fond de son cœur, ne venait-il pas de sentir
la piqûre du ver qui devait la flétrir ?... Mais il lui
restait Dieu.

En terminant ce petit travail, qu'il m'a été doux
d'écrire, je remercie l'auteur inconnu d'*Un souvenir
d'Afrique*. Sans cet article, qu'il a publié, et pour
lequel, il le voit, sa bonne foi a été surprise, je n'aurais jamais songé à mettre en lumière le document
que je tiens de l'affection de monseigneur Dagret, sur
l'échange des prisonniers. Il m'a donc rendu un ser-
vice, pour lequel il a droit à ma reconnaissance, car il

m'a procuré l'occasion d'acquitter, une fois de plus encore, le juste tribut de respect que je dois à la mémoire de mon regretté bienfaiteur, et de rappeler à ceux qui l'ont oubliée, la page la plus grande, sans contredit la plus émouvante, de la carrière épiscopale de celui qu'on a nommé le *saint Vincent de Paul* de Bordeaux, le premier évêque d'Alger.

30 Mars 1870.

UN SOUVENIR D'AFRIQUE

C'était au printemps de l'année 1841. Le lieutenant-
général Bugeaud voulait que le drapeau de la France restât
seul debout sur l'Afrique, et le héros de l'indépendance
arabe, Abd-el-Kader, tant de fois vaincu, jamais découragé,
convia à une lutte suprême tous les vaillants de sa nation.

Entre ces grands adversaires, champions de deux patries,
la poudre allait parler.

Pendant que nos bataillons bouclaient leurs sacs, un
homme de paix songeait à ces courages malheureux que
renverse vivants la fortune de la guerre, et que ramasse la
captivité. Les prisonniers arabes s'entassaient depuis longtemps chez nous, sous le drapeau de la victoire ; mais que
devenaient les nôtres, entre les mains de la défaite?... Voilà
ce que se demandait, avec une sainte douleur, l'homme de
paix, monseigneur Dupuch, premier évêque d'Alger.

Le palais de l'évêque et celui du gouverneur se faisaient
face. Monseigneur vient, un matin, tout doucement,
demander, pour un de ses prêtres, la permission d'aller au
camp d'Abd-el-Kader négocier la rançon ou l'échange des
prisonniers français, s'il avait plu à Dieu qu'ils fussent
épargnés, car on contait là-dessus des histoires atroces.

Le gouverneur ne voyait dans ce projet qu'une héroïque,

mais inutile imprudence, comdamnée sans appel par la froide raison et par la politique du moment.

« Je vous remercie de tout mon cœur, au nom de l'armée, dit-il avec effusion. Mais, Monseigneur, croyez-moi : ces affaires-là ne se traitent point sous la volée du canon. Comment, d'ailleurs, traverser une foule de tribus inconnues, soulevées, frémissantes, celles-ci courant aux armes, celles-là déjà aux prises avec nos éclaireurs? C'est braver sans défense et sans fruit la mort embusquée au coin de chaque sentier, derrière chaque rocher, chaque arbre, chaque buisson !... Mon devoir me défend d'autoriser une tentative dont je respecte l'inspiration, mais qui se noierait à trois lieues d'ici, dans une mare de sang. »

Le refus était catégorique, mais ce qu'évêque veut, Dieu le veut. Plus le gouverneur élevait d'obstacles, plus haut montaient les prières du digne prélat.

« Ma foi, Monseigneur, reprit enfin M. Bugeaud en souriant, *si Dieu s'en mêle*, je bats en retraite. Comme général en chef, je ne puis rien permettre, mais, comme chrétien, j'admire et... *je ferme les yeux*. »

Les prêtres d'Alger attendaient avec une vive impatience le retour de leur évêque et la décision militaire. Tous s'offraient à l'envi à cette chance de martyre. Monseigneur Dupuch réclamait pour lui-même le droit de marcher le premier. Ils le retinrent à grand'peine, et le choix, à égalité d'ardeur et de dévouement, se fixa enfin sur l'abbé Suchet.

Au point du jour, le bréviaire sous le bras, muni pour tout bagage d'une lettre adressée à l'émir, et suivi d'un interprète indigène, l'abbé cheminait lestement, comme s'il eût craint d'être poursuivi par un scrupule du gouverneur.

Quand il eut dépassé nos derniers *blockaus* (fortins en bois des gardes avancées), il respira plus à l'aise. La solitude immense, aux horizons mouvants, lui sembla pleine de Dieu. Au coin de chaque sentier, derrière chaque rocher, chaque arbre, chaque buisson, sa foi vive lui montrait un ange gardien et quand il entendit de droite et de gauche l'écho lointain des fusils arabes, il n'eut point peur parce qu'il était armé de charité.

« Qui vive?... » crient tout à coup les blanches vedettes de la plaine et de la montagne.

L'abbé se couvre du signe de la croix, et l'interprète répond en langue arabe : « *Homme de prière!*...

— Où vas-tu?

— Chez Abd-el-Kader, le grand émir...

— Que veux-tu de lui?

— Délivrance pour les captifs de la guerre, arabes ou chrétiens, tous enfants de Dieu!

— Passe en paix, homme de bien : que Dieu et son prophète te conduisent et te ramènent. »

L'intrépide missionnaire ne savait pas encore que le *médecin* et le *prêtre*, fussent-ils même de race ennemie, sont vénérés chez ce peuple antique, et préservés de ses vengences. Mais ce n'est pas tout. L'hospitalité l'escorta de tribu en tribu, malgré le trouble et l'irritation des esprits. Les guerriers aux yeux sombres abaissaient leurs armes en le saluant d'un sourire ; les vieillards le faisaient asseoir au milieu d'eux pour l'honorer, et les femmes, par un touchant instinct, lui apportaient à bénir leurs petits enfants.

Ce fut loin, bien loin vers l'ouest, après marches et contre-marches à travers monts et forêts, sans habitations et sans routes, qu'il parvint à rejoindre Abd-el-Kader, campé sur des collines sauvages, entre sa forteresse de Takdimt et sa ville de Mascara.

L'émir, nous le savons par une généalogie reconnue de tous les Arabes, fait remonter son origine aux khalifes fathimites, proches descendants de Mahomet. Agé de trente-cinq ans, de race sacerdotale, couronné à la Mecque et à Bagdad du reflet de merveilleuses légendes, il unissait, en Algérie, le prestige religieux au pouvoir politique, et ses qualités personnelles ajoutaient à cette grandeur.

La confiance de l'évêque et le courage du jeune prêtre français touchèrent son cœur ulcéré par la guerre, et, après des témoignages publics de bienveillance envers l'*homme de prière*, cinquante-six soldats français furent délivrés *sans rançon*.

« Si j'en avais davantage, dit l'émir, je te les donnerais de bon cœur, sans condition : le *Chef de la prière* des chrétiens n'est point mon ennemi. »

Un tel bonheur dépassait toute espérance. Nos soldats furent conduits aux avant-postes français de la province d'Oran, par une escorte qui rapporta un reçu de leurs personnes, signé par l'officier commandant. Le bon abbé se remit en route avec le cœur plus léger qu'au départ. Il revit avec joie ses *amis* du désert et en reçut le même accueil hospitalier. L'heure du combat semblait attendre qu'il fût en sureté. Seulement, il faut le dire, sa soutane déchiquetée par les ronces, ses pauvres pieds meurtris et chaussés d'écorce, son doux visage tanné par le soleil et sa barbe en broussaille n'annonçaient plus guère un ambassadeur du bon Dieu. Mais, du haut des cieux, saint Augustin, l'évêque d'Hippone, l'eût certainement trouvé superbe.

Arrivé enfin devant un de nos camps, sous Médéah, dans l'Atlas, il attacha son mouchoir au bout d'un bâton de palmier, et se mit à courir en criant :

« France ! France ! »

Le général Baraguey d'Hilliers, qui le voyait venir, n'en pouvait croire ses yeux.

« Ah ça, d'où arrivez-vous donc, ainsi fait, monsieur l'abbé ?

— Oh ! d'un peu loin, général, et rudement fatigué ! Mais, c'est égal, je suis content d'Abd-el-Kader...

— Comment ?... Vous venez de chez Abd-el-Kader ?... et avec qui ?

— Mais, général..., avec mon interprète. »

Et il se mit à raconter ses aventures et son succès, avec

la joie qui débordait de son cœur : une joie d'enfant, une joie d'ange. Officiers et soldats, pressés en cercle, le contemplaient avec ce doux respect qu'inspirent les grandes choses accomplies avec simplicité.

Le plus heureux fut monseigneur Dupuch, quand il put serrer dans ses bras son digne coopérateur. La charité entrait donc en ligne avec sa victoire pacifique ; elle prenait droit de conquête aussi haut, plus haut que le sabre. Mais son œuvre n'était qu'à moitié faite. Il lui restait à conquérir *cent trente-huit prisonniers* de tous grades y compris un sous-intendant militaire, M. Massol, que Sidi-Mohammed-ben-Allal, un des plus redoutés *khalifas* (lieutenants) de l'émir, traînait de plaine en vallée, et de ravins en montagnes.

Que fait l'évêque ? Il tire de prison quatre Arabes, et les lance à cheval, avec ses lettres sur les traces du khalifa. Les renseignements font défaut, mais les Arabes retrouveraient une aiguille dans une meule de foin. Il parut d'ailleurs que *Dieu s'en mêlait encore*, car la réponse de Ben-Allal fut apportée en six jours, le 16 mai ; l'échange de 138 Français était accepté contre 138 Arabes, et le rendez-vous fixé pour le 18, *à l'heure où se partage le jour* (vers midi), près la ferme de Mouzaiah, au pied de l'Atlas.

« Vénérable serviteur de Sidi-Aïssa (*Seigneur Jésus*) et de Lella Mariem (*Dame Marie*), » écrivait le Khalifa, « nous aimons tes bonnes paroles et la vérité dont tu es la lumière. Les parents et amis des captifs, que nous pensions perdus, pleuraient chaque jour devant ma tente, mais ils se sont réjouis en voyant ton écriture et ton cachet. N'oublie aucun de ceux dont voici les noms, et surtout Mohammed-ben Moktar qui m'est particulièrement cher. Tout ira bien, puisque tu l'as dit : nous savons que la parole du *Chef de la prière* est sacrée chez les chrétiens. Je t'envoie, en échange des quatre Arabes, une femme, sa petite fille, et quelques hommes qui ne faisaient point la guerre. Quand aux autres, tu les recevras bientôt, quand j'aurai touché ta main à Mouzaïah. Daigne accepter vingt chèvres avec leurs petits pour nourrir les enfants que tu as adoptés parce qu'il n'ont plus de mères (1). C'est peu, mais le don se mesure à la bonne intention ; tu excuseras sa modicité. Les chemins ne sont point sûrs, à cause de la guerre ; cependant viens sans crainte : Le *Kaid* (chef) des Hadjoutes sera dans la plaine pour te garder, toi et tes amis. Que Dieu tout-puissant et miséricordieux fasse honorer partout ta piétié comme nous l'honorons. »

Nous allions donc assister à une scène des temps bibliques.

Le 17 mai, à six heures du matin, les 138 Arabes désignés, habillés de neuf aux frais de l'évêque, sortaient de la *kasbah* (citadelle) d'Alger, par la porte de la Victoire. La voiture de monseigneur Dupuch ouvrait la marche ; douze autres la suivaient, portant les femmes, les plus petits enfants et quelques malades ou blessés. Monseigneur avait refusé toute escorte. Qu'avaient à faire nos baïonnettes dans cette fête du cœur, autour d'une trève passée, de part et d'autre, sous la sauvegarde de la religion ?

Mais le diable, qui n'était point invité, avait dressé ses pièges, pour voir comment un évêque s'en tirerait.

Le convoi s'allongeait lentement dans la plaine de Métidjah, sous le poids de la chaleur, quand, à moitié route, vers Bou-Farick, deux cavaliers hadjoutes, accourus au triple galop, annoncèrent à monseigneur Dupuch que, pendant la nuit précédente, une colonne française avait occupé la ferme de Mouzaïah.

« Tu trahissais Ben-Allal ? » s'écrièrent-ils, « mais les têtes des chrétiens payeront demain le sang versé !... »

_____

(1) Ben-Allal faisait allusion à l'*Orphelinat* fondé par monseigneur Dupuch.

Et ils s'enfuirent ventre à terre, sans entendre aucune explication.

Des gens de Bou-Farick confirmèrent bientôt cette grave nouvelle. En effet, tandis que le gouverneur allait prendre dans l'Ouest la direction des manœuvres, la colonne arrivée à Mouzaïah devait franchir les gorges de l'Atlas, pour opérer dans la vallée de Chélif et prendre l'ennemi entre deux feux. Mais, en présence d'une négociation pacifique et sanctionnée par le général en chef, cette colonne eût pu retarder de vingt-quatre heures son mouvement offensif. Il y avait donc un trop cruel malentendu : c'était là le jeu du diable.

Qu'allaient devenir nos 138 compatriotes si un seul coup de fusil était tiré ?...

Un évêque n'a pas le temps de se désoler ; il donne sa vie comme le Bon Pasteur et Dieu fait le reste.

Monseigneur Dupuch écrit au commandant français, qu'il supplie de reculer au nom de l'humanité.

Il écrit à Ben-Allal : « Jamais évêque n'a menti !... J'ignorais ce qui se passe, j'en suis navré, j'en prends Dieu à témoin !... Si tu me crois, épargne la vie des malheureux !... Si tu ne me crois point, j'irai te livrer ma tête !... »

Il y avait parmi les prisonniers Arabes un jeune homme de grande famille, nommé Ahmed-Khoracin, chef des gardes de l'émir, tout récemment enlevé dans une escarmouche, et que l'abbé Suchet avait reconnu.

« Lis cette lettre, comprends-la bien, s'écrie monseigneur Dupuch, cours la porter, et pour prix de ta liberté, sauve mes chrétiens si tu le peux !

— Dieu est grand, tu es bon, Khoracin n'est pas un ingrat, et Ben-Allal sera généreux comme le lion du désert ! » répond le jeune chef.

L'Arabe est toujours calme dans sa joie comme dans sa

tristesse ; mais on peut croire à sa parole, et ce qu'il promet, vengeance ou dévouement, il le tiendra.

L'abbé Suchet, en compagnie d'un autre prêtre et de M. Toustain Dumanoir, interprète du gouvernement, s'élancent à cheval à la suite de Khoracin et la providence réparatrice les emporte avec la vitesse de l'éclair.

Ben-Allal campait derrière le rideau de l'Atlas, sur la lisière des gorges, avec une cavalerie d'élite et nos prisonniers. Toute sa colère se fondit en grosses larmes à l'aspect d'Ahmed-Khoracin, qu'il ne croyait plus revoir.

Les deux prêtres tombent à ses pieds, pendant que M. Toustain traduit la lettre épiscopale.

« Ah ! s'écrie le fier Arabe, je ne serai pas vaincu en loyauté par *Sidi*-Dupuch !... »

Et aussitôt le sous-intendant militaire Massot, le plus haut gradé parmi les captifs, est délivré de ses liens.

« Va dire au *Chef de la prière* de ton pays, poursuit le khalifa, qu'après-demain, si Dieu me fait vivre jusque-là, je serai dans la plaine avec tes compagnons, à l'orient de Bou-Farick.

— Et nous restons près de toi, disent les deux prêtres, afin que, si les Français veulent te battre malgré la trêve, ils nous frappent les premiers !...

— Non, *Sidi*-Dupuch est inquiet, répond Ben-Allal avec grâce, allez le rassurer en lui portant ma parole ! »

Un détachement de cavalerie reçut l'ordre de les protéger jusqu'à la sortie des montagnes.

Monseigneur Dupuch était plongé dans une cruelle anxiété. Le commandant de la colonne française n'avait rien répondu à ses instances. C'était un brave soldat, mais le courage a ses erreurs. Sa troupe s'était jetée dans l'Atlas, et de Bou-Farick on entendit longtemps gronder nos obusiers. Puis le silence se fit derrière le travail de la mort.

Le saint évêque n'avait voulu prendre aucun repos ; il resta toute la nuit au pied de l'autel, dans la petite église de Bou-Farick. Le retour de ses envoyés ne lui rendait qu'une faible espérance, parce que la poudre avait tonné, et qu'aux yeux des Arabes tout sang versé veut du sang.

Le lendemain, 19 mai, la matinée silencieuse fut longue et triste. D'heure en heure, monseigneur Dupuch envoyait ses serviteurs à la découverte, et toujours on revenait lui dire : « La plaine est vide, » et il retombait dans son abattement.

Tout à coup, vers dix heures, une trombe de poussière monta sur l'horizon, entre l'orient et le midi, et vint en tournoyant crever à trois portées de fusil de Bou-Farick. Il en sortit un étendard vert et jaune blasonné d'un croissant d'or, autour duquel se ruaient douze à quinze cents cavaliers aux blancs burnous flottant comme des voiles de fantômes et aux longs fusils brodés de corail et d'argent.

Cette foule s'arrêta en demi-cercle, étincelante et muette. Cent trente-sept cavaliers, se détachant du centre, déposèrent chacun un captif français qu'ils portaient en croupe, et reprirent leur immobilité.

En avant des murs de Bou-Farick se massaient les cent trente-sept Arabes, derrière l'évêque en habits pontificaux, Monseigneur Dupuch était sous l'armure des vraies victoires. La population de la petite ville était accourue comme le troupeau du Bon Pasteur.

Du côté mulsuman, une musique sauvage, composée de cornemuses et de tambourins ; du côté chrétien, la cloche de Bou-Farick, sonnée en fête, prêtait à cette rencontre une étrange majesté : Dieu ne se montrait pas, mais on le sentait présent.

Alors, un homme pâle et triste, dans lequel on devinait le chef, au luxe de ses armes et de la selle dorée de son coursier de bataille, fit quelques pas au-devant du pontife, et mit pied à terre.

Monseigneur Dupuch, tout ému, ne put que tendre ses

bras ouverts. Le pasteur des cités et l'enfant de la solitude se donnèrent un long baiser de paix.

La musique arabe se tut, mais la cloche chrétienne sonnait toujours.

Les captifs français furent amenés et embrassèrent les captifs Arabes, comme s'étaient embrassés leurs libérateurs. Ce fut une scène bien touchante, tout le monde pleurait.

« Serviteur de Dieu, dit enfin Ben-Allal, hier, pour la première fois de ma vie, j'ai refusé le combat, parce que les morts ne peuvent plus tenir parole. Aujourd'hui, nous sommes quittes : louange à Dieu !... Je vais mourir pour mon pays !... »

Pendant que l'interprète traduisait ces paroles simples et d'une beauté antique, et avant que monseigneur Dupuch eût pu répondre un seul mot, le khalifa d'Abd-el-Kader sauta en selle, l'épée haute, en criant : « *Djeddah !* » c'est-à-dire : « A la guerre sainte ! »

C'est le cri national et religieux des Arabes.

« *Djeddah !...* » Répondirent d'une seule voix les cavaliers fantômes, en brandissant leurs longs fusils damasquinés.

L'écho des cornemuses fit trembler la plaine, et la caravane de ces lions d'Ismaël disparut comme un rêve, en laissant son gage d'honneur au pied de la Croix.

Quand, au retour de son expédition dans l'Ouest, le gouverneur apprit ce qui s'était passé, il pressait monseigneur Dupuch de lui dire comment le roi pourrait récompenser son dévouement.

« Général, » répondit le digne prélat, « les évêques et leurs prêtres n'attendent, pour prix de leurs services, que l'occasion et le pouvoir de se dévouer encore. »

Le gouvernement français voulut cependant reconnaître par une récompense nationale un acte de dévouement qu'on pourrait appeler un fait d'armes. Le 15 juin 1841, l'abbé Jacques Suchet, dont il est question dans ce récit, reçut la décoration des braves.

Ce vénérable ecclésiastique est toujours vicaire général d'Alger. Seulement ses cheveux sont tombés et sa barbe a blanchi, car il compte soixante-quinze années.

Les témoignages d'estime ne lui ont pas manqué depuis. Si monseigneur Lavigerie lui a conservé le poste qu'il occupait dans l'administration sous monseigneur Dupuch et monseigneur Pavy, l'Empereur de son côté ne l'a pas oublié, et, le 24 août 1858, la croix d'argent du simple chevalier a fait place à la croix d'or des officiers de la Légion d'honneur.

Plusieurs prélats ont attaché au chapitre de leur cathédrale le prêtre-soldat, entre autres les Archevêques de Bordeaux et de Tours et l'Évêque de Blois.

Enfin le Souverain-Pontife Pie IX en a fait un prélat de sa maison.

La création récente des évêchés de Constantine et d'Oran a diminué des deux tiers l'étendue du diocèse d'Alger, mais le nom de l'abbé Suchet est pour jamais uni au nom du premier Évêque de la colonie. L'un et l'autre seront toujours chers aux populations des trois provinces de l'Afrique française.

(Semaine religieuse de Meaux.)

Fontainebleau. — Imp. E. Bourges.